BEI GRIN MACHT SICH IHR WISSEN BEZAHLT

- Wir veröffentlichen Ihre Hausarbeit,
  Bachelor- und Masterarbeit

- Ihr eigenes eBook und Buch -
  weltweit in allen wichtigen Shops

- Verdienen Sie an jedem Verkauf

**Jetzt bei www.GRIN.com hochladen
und kostenlos publizieren**

GRIN ☺

Anne Lorentzen

Der Zusammenhang zwischen Fachmedien und PR

GRIN Verlag

Bibliografische Information der Deutschen Nationalbibliothek:

Die Deutsche Bibliothek verzeichnet diese Publikation in der Deutschen National-
bibliografie; detaillierte bibliografische Daten sind im Internet über http://dnb.d-
nb.de/ abrufbar.

Impressum:

Copyright © 2012 GRIN Verlag GmbH
Druck und Bindung: Books on Demand GmbH, Norderstedt Germany
ISBN: 978-3-656-58792-7

Dieses Buch bei GRIN:

http://www.grin.com/de/e-book/209883/der-zusammenhang-zwischen-fachmedien-
und-pr

GRIN - Your knowledge has value

Der GRIN Verlag publiziert seit 1998 wissenschaftliche Arbeiten von Studenten, Hochschullehrern und anderen Akademikern als eBook und gedrucktes Buch. Die Verlagswebsite www.grin.com ist die ideale Plattform zur Veröffentlichung von Hausarbeiten, Abschlussarbeiten, wissenschaftlichen Aufsätzen, Dissertationen und Fachbüchern.

Besuchen Sie uns im Internet:

http://www.grin.com/

http://www.facebook.com/grincom

http://www.twitter.com/grin_com

Welche Hinweise gibt es für den Zusammenhang zwischen Fachmedien und PR?

Inhaltsverzeichnis

1. Einleitung

Schlägt man ein beliebiges Magazin auf und durchblättert es, so ist es kaum möglich die darin enthaltene Werbung nicht zu sehen, sie erschlägt den Leser nahezu. Bei genauerem hinsehen entdeckt der Leser wahrscheinlich auch, dass sich Werbung nicht nur in halbseitigen Anzeigen findet, sondern auch in den journalistischen Beiträgen. Was unabhängige journalistische Recherche vermuten lässt, ist zum Teil nichts anderes als Gefälligkeitsjournalismus, hübsch verpackte PR-Artikel, die unkritisch und unreflektiert übernommen wurden. Günter Bentele ist der Ansicht, dass dies in der Fach-PR unwahrscheinlicher ist, da dort auch die Journalisten Fachleute sein.[1] Die vorliegende Arbeit setzt sich genau mit diesem Thema auseinander. Anhand von drei Fachmagazinen aus dem Bereich der Klassischen Musik sollen Hinweise für den Zusammenhang zwischen Fachjournalismus und PR aufgezeigt werden. Als theoretische Vorüberlegungen werden zuerst die Begrifflichkeiten „Fachjournalismus", „Musikjournalismus" sowie „Fach-PR" definiert und in Zusammenhang gebracht. Ebenso werden die Determinationsthese und das Intereffikationsmodell erläutert. In den Methoden wird kurz auf die Inhaltsanalyse eingegangen sowie die Rahmenbedingungen der Untersuchung abgesteckt. Nachfolgend geht es in die Analyse der drei ausgewählten Zeitschriften. Hier werden nach einem kurzen Blick in die Mediadaten ausgewählte Beiträge vorgestellt und auf ihren Inhalt – insbesondere auf möglichen PR-Einsatz hin untersucht. Abschließend sollen dann die im Methodenteil aufgestellten Annahmen überprüft werden.

---

[1] Vgl. Bentele, Günter (2006), PR für Fachmedien, S. 17.

2. Theorie

2.1. Definition Fachjournalismus, Musikjournalismus, Fach-PR

„Unsere aktuelle Gesellschaftsform lässt sich wesentlich als marktwirtschaftlich organi-
sierte Informations- und Kommunikationsgesellschaft kennzeichnen"[2], so beginnt Günter Bentele die einleitenden Worte zu seinem Sammelband „PR für Fachmedien". Er
erklärt dann nachfolgend kurz, wie eine solche Gesellschaft aufgebaut ist und was ihre
wesentliche Bestandteile sind. Unter Punkt drei fallen dann auch erstmals die Worte
Public Relations, deren Verbindung zur Informationsgesellschaft er kurz darlegt ohne
näher darauf einzugehen.

Fachjournalismus ist die Informationsvermittlung von Experten zu Experten, die zwar
bereits in den Wurzeln des Wissenschaftsjournalismus verankert ist, aber trotzdem zu
den neuen journalistischen Ausprägungen gehört.

> „Der Idealtypus des Fachjournalismus sammelt Themen und Informationen in einem –
> meist durch berufliche Interessen – eingegrenztes Fachgebiet, bearbeitet diese nach all-
> gemeinen publizistischen Regeln (Recherche, Genres, Nachrichtenwerte, Layout etc.)
> und auf der Grundlage eines spezifischen an Wissen und Erfahrungen der Produzenten
> wie der Rezipienten anknüpfenden Programms. [...] Fachjournalismus nutzt verschie-
> dene fachkompetente, v.a. wissenschaftliche Quellen und stellt das Produkt einer ein-
> grenzbaren, relativ homogenen Nutzergruppe zur Verfügung."[3]

Beatrice Dernbach gibt hier eine sehr umfangreiche und vielsagende Definition für
Fachjournalismus. Sie führt weiter aus, dass sich in Bezug auf Aktualität, Periodizität,
Universalität und Publizität eigene fachjournalistische Standards ergeben. Das bedeutet,
dass nur Themen gewählt werden, die für die Akteure des Themenfeldes relevant und
aktuell sind. Jene Informationen werden dann zwar in Formaten publiziert, die einem
breiten Publikum zur Verfügung stehen, sind jedoch durch ihre sehr spezielle Themen-
auswahl im Verbreitungskreis eingeschränkt und eher an einen potenziellen Rezipien-
tenkreis gerichtet. Daher findet sich Fachjournalismus überwiegend in Fachzeitschriften
und Very-Special-Interest Angeboten. Zentrale Funktionen des Fachjournalismus sind

---

[2] Bentele, S. 11.
[3] Dernbach, Beatrice (2010), *Vielfalt des Fachjournalismus*, S. 43.

die Wissensvermittlungs-, die Bildungs- sowie die (berufliche) Sozialisationsfunktion, der Beitrag zu Meinungsbildung sowie auch die Ratgeber-, Service- und Orientierungsfunktion in relevanten Wissensgebieten. [4] Fachjournalismus ist aber eben nicht nur, wie eingangs gesagt, das von Experten an Experten weitergegebene Wissen, sondern vermittelt jenes zum Teil auch in die Laienwelt. Dieses richtet sich danach, was für eine Zielgruppe damit angesprochen werden soll und welche Themenschwerpunktsetzung es gibt.

Da es in der folgenden Untersuchung um Musikjournalismus im Speziellen geht, soll dieser hier genauer erläutert werden. Musikjournalismus kann definiert werden als „jede beschreibende, analysierende und bewertende Berichterstattung über musikalisches Geschehen und seine Zusammenhänge in Massenmedien".[5] Ein Großteil dieser journalistischen Bestrebungen beschäftigt sich mit der Kritik oder der Rezension ernster Musik, der sogenannten E-Musik in Printmedien.[6] Beatrice Dernbach hält fest, dass die Aufgaben des Musikjournalismus vielfältig sind. Zum einen gehöre dazu alles, was mit Produktion, Verbreitung und Rezeption zu tun hat, beispielsweise also Veranstaltungsankündigungen, Neuerscheinungen und Kritiken. Andererseits aber auch den Musikbereich im Gesamten zu beobachten, zu bewerten und kommentieren und so zum Beispiel Nachrufe auf bedeutende Künstler zu verfassen und neue Bewegungen auf dem Musikmarkt zu verfolgen.[7] Wie all diese Anforderungen in welchem Maße umgesetzt werden, hängt selbstverständlich davon ab, an welche Zielgruppe in welcher musikalischen Sparte sie der Journalismus richtet. Bedeutend für den Musikjournalismus ist, dass Musik zu einem ständigen Begleiter im Alltag geworden ist, egal ob über bewusst über Kopfhörer in der S-Bahn oder über die Lautsprecher im Auto aufgenommen, oder unbewusst über das Radio im Einkaufszentrum oder beim Friseur. Gerade in einer Zeit, in der jeder zu jeder Zeit, an jedem Ort Musik hören kann, sie bewerten aber auch selbst Musikmachen kann, spielt der Musikjournalismus eine entscheidende Rolle, vor allem um neue Entwicklungen, die insbesondere durch die schnelle Verbreitungsmöglichkeit der Internets gegeben sind, zu reflektieren

Heute findet Musikjournalismus hauptsächlich in Fachzeitschriften statt, wodurch sich dieser, insbesondere auch durch seinen stark ausgeprägten Fachjargon, selbst in die Iso-

---

[4] Vgl. ebd. S. 43.
[5] Reus, Gunter(2008), *Musikjournalismus*, S. 86.
[6] Vgl. Reus, S. 89.
[7] Vgl. ebd. S. 195.

lation manövriert. Es gibt jedoch Bestrebungen, zum Beispiel des Deutschen Musikrats, solche Entwicklungen zu stoppen. Dies soll vor allem durch stärkere Medienpräsenz zeitgenössischer Musik, den Ausbau des fachlichen Diskurses und durch verbesserte Rahmenbedingungen für Musikjournalisten geschehen.[8]

Zur Nutzung und Wirkung von Musikjournalismus liegen allenfalls fragmentarische Befunde vor. So schreibt Reus: „Als gesichert kann gelten: Wer sich auf Wortbeiträge über Musikgeschehen überhaupt einlässt, erwartet in erster Linie Information, Beschreibung und Einordnungshilfen. Das trifft alters- und genreübergreifend sowohl auf Klassikhörer im Radio zu […] wie auf die jugendlichen Hörer von Spartenangeboten […] und die Nutzer von (Online-)Musikzeitschriften."[9]

Zu neuen Ausprägungen kommt es auch im Bereich der Public Relations, vor allem durch die Entwicklung von PR-Agenturen. Fach-PR ist hierbei als fachlich spezialisierte PR zu sehen, „die sich an spezifische und spezialisierte Fachöffentlichkeiten richtet."[10]

Nach Dernbach hat Fach-PR zur Ziel, Organisations- und Kommunikationsinteressen durchzusetzen, und insbesondere Beziehungen zu speziellen Teilöffentlichkeiten aufzubauen und zu pflegen. Eine der Hauptaufgaben ist der Aufbau und die Aufrechterhaltung von Kontakten zu den Zielgruppen, also im Speziellen Fachjournalisten, Kunden und Geschäftspartnern. Fach-PR findet sich vorwiegend in Business-to-business-Publikationen, Broschüren, Newslettern sowie Kunden-, Mitarbeiter- und Mitgliederzeitschriften. Die Zielgruppe definiert sich sowohl in interne, also Mitglieder, wie externe, Kunden, Partner und andere, insbesondere aber in der Fachöffentlichkeit im Sinne der am Thema interessierten erreichbaren Personen, sowie Medien und Journalisten als Multiplikator.[11]

Von großer Bedeutung ist, dass sowohl auf der Sender-, also der PR-Seite, also auch auf der Empfängerseite Journalisten und Experten arbeiten. Dies unterscheidet im Wesentlichen, neben Faktoren wie der Zahl der Empfänger-Medien oder der Beziehungen zu den Zielgruppen, Fach-PR von Publikums-PR.[12] Hierbei spielen primär die Sach- und die Fachkompetenz eine hervortretende Rolle. Sachkompetenz bezieht sich hierbei auf den Gegenstand und Bereich der Kommunikation, wohingegen Fachkompetenz eher auf

---

[8] www.musikrat.de
[9] Reus, S. 98.
[10] Bentele, S. 14.
[11] Vgl. ebd. S. 96-99.
[12] Vgl. Bentele, S. 18.

das kommunikative Produktions- und Vermittlungswissen der kommunikativen Tätigkeit abzielt. Hinzu kommt in einigen Fällen ebenfalls die reflexive Kompetenz, also jene Kompetenz, das eigene Handeln zu reflektieren. Sachkompetenz ist für Kommunikationsverantwortliche in jeder Branche Grundvoraussetzung und sollte zumindest in den Grundzügen beherrscht werden. Es braucht also für eine sachkompetente Kommunikation eine fachliche Spezialisierung auf beiden Seiten. Die Vereinigung aller drei Kompetenzen gilt als Ideal, wird aber nur selten zur Realität. „Fachöffentlichkeitsarbeit bewegt sich in aller Regel auf einem fachlich bzw. inhaltlich hohen Niveau."[13], da hier Prinzip wie beim sprechen einer gemeinsamen Fremdsprache greift: man versteht sich, ohne große Übersetzungsarbeit leisten zu müssen.

2.2. Determinationsthese

Obwohl sie den Begriff nie selbst benutzt hat, geht die Determinationsthese doch auf Barbara Baerns und die von ihr 1985 durchgeführte Studie „Öffentlichkeitsarbeit oder Journalismus. Zum Einfluß im Mediensystem" zurück. Diese Untersuchung fokussiert, ob und welche Rolle Öffentlichkeitsarbeit als Quelle von Nachrichten spielt. Baerns macht das am Beispiel der Landespolitik Nordrhein-Westfalens und weist dabei nach, dass Öffentlichkeitsarbeit Themen und Timing der Medienberichterstattung unter Kontrolle hat. Erst im Nachhinein wurde an Hand dieser Feststellung der Begriff der „Determinationsthese" oder auch „Determinierungshypothese" geprägt.[14]

Die Anfangsfragestellung könnte also lauten, warum über verschiedene Medien hinweg so hohe Übereinstimmung bei der Behandlung von Themen auftritt. Die Determinationsforschung versucht hier durch die Untersuchung der Inhalte Rückschlüsse auf den Umgang mit Quellen und der journalistischen Selektion zu ziehen.[15]

In der ersten empirischen Untersuchung zu diesem Themenbereich untersuchte Leon Sigal (1973) in wie weit Informationsbeschaffung journalistische Routine ist, in dem er alle redaktionellen Beiträge, die innerhalb von zwei Wochen in der New York Times und der Washington Post erschienen, in drei Kategorien einteilte: standardisierte Informationskanäle, also Pressekonferenzen, Pressemitteilungen und offizielle Anlässe, in-

---

[13] Bentele, S. 16.
[14] Vgl. Raupp, Juliana, Determinationsthese. In: Handbuch der Public Relations, S.192.
[15] Vgl. Raupp S. 193

formelle Kanäle wie Hintergrundgespräche und die journalistische Eigenleistung. Nachdem er die Untersuchung fünfmal im Abstand von jeweils fünf Jahren wiederholte, gelangte Sigal zu dem Ergebnis, dass bei über 70 Prozent der untersuchten Beiträge der Aufhänger auf standardisierte Informationsquellen zurückzuführen sei.[16]

Eben jenen Einfluss der Öffentlichkeit auf die Medienberichterstattung untersuchten im deutschsprachigen Raum erstmals Nissen und Menningen 1977. Dabei prüften sie sowohl den In- als auch den Output, um dadurch die Nutzung von Pressemittelungen verschiedener politischer Organisationen auf drei Tageszeitungen nachzuvollziehen. Ergebnis der Analyse war die Erkenntnis, dass ein Großteil der Pressemitteilungen nur gering oder gar nicht umformuliert und ungekürzt übernommen worden sind.

Baerns knüpfte 1979 an diese Analyse an, wobei sie die Öffentlichkeitsarbeit eines Konzerns überwachte und mit der Berichterstattung über das Unternehmen verglich. Sie gelangte zu dem Ergebnis, dass über 40 Prozent der Beiträge wörtliche, vollständige oder gekürzte Übernahmen aus dem PR-Material seien. „Die Ergebnisse bestätigten […] die Vermutung, dass Öffentlichkeitsarbeit die Berichterstattung inhaltlich zu strukturieren vermag, wenn Journalisten auf selbstständige Recherche verzichten."[17]

Über diese Fallstudie hinausgehend lieferte Baerns den Nachweis für den Einfluss von Öffentlichkeitsarbeit auf die Medienberichterstattung in der eingangs erwähnten Untersuchung „Öffentlichkeitsarbeit oder Journalismus". Sie ging dabei von dem noch heute bestehenden normativen Leitbild aus, dass Medienvielfalt auch inhaltliche Vielfalt garantiere.

> „Doch obwohl eine Vielzahl unabhängiger Medien existiere, die miteinander im Wettbewerb stehen, ist die Berichterstattung von hoher Übereinstimmung geprägt."[18] Baerns nahm an, dass diese Konsonanz durch die Übernahme von Informationen aus der Öffentlichkeitsarbeit bedingt sei. Sie stellte abschließend nicht nur fest, dass die Öffentlichkeitsarbeit nicht nur Themen und Timing der Medienberichterstattung unter Kontrolle hat, sondern auch, dass die Informationsvielfalt durch die unterschiedliche Selektion der Themen eingeschränkt ist.[19]

Baerns hatte damit das Bild eines mächtigen, im Hintergrund wirkenden PR-Monsters erschaffen und dadurch kontroverse Diskussionen im deutschsprachigen Raum ausge-

---

[16] Vgl. Raupp, S. 193
[17] Vgl. Raupp, S.194
[18] Raupp, S. 194
[19] Vgl. Baerns, Barbara (1985), Öffentlichkeitsarbeit oder Journalismus, S. 98

löst. „Zahlreiche Gegenvorschläge wurden erarbeitet, die das Verhältnis von PR und Journalismus als wechselseitig begriffen und beispielsweise als antagonistische Partnerschaft, als interdependente und interpenetrierende Systembeziehung, als strukturelle Kopplung, als privilegiertes Verhältnis oder als potentielle Win-Win-Beziehung charakterisieren.[20] All diese Alternativthesen zeichnen sich dadurch aus, dass sie, im Gegensatz zu Baerns These, die Beziehung von PR und Journalismus als wechselseitiges Einfluss- und Abhängigkeitskonstrukt verstehen.

2.3. Intereffikationsmodell

1997 stellte Günter Bentele erstmals das Intereffikationsmodell vor, welches im Kontext einer Studie aus den Jahren 1996 / 97 entwickelt wurde. Hier wurde die kommunale Öffentlichkeitsarbeit der Städte Halle und Leipzig und ihre Resonanz in der lokalen Medienberichterstattung untersucht.[21] Er ging bei seinen Untersuchungen davon aus, dass PR und Journalisten aufeinander angewiesen sind. Die PR sei auf den Journalismus angewiesen, um ihre charakteristischen Kommunikationsziele zu erreichen und das Mediensystem, um seine Funktionen, dabei im Speziellen die Informationsverbreitung, aufrechterhalten zu können. Dies könne jedoch nur dann funktionieren, wenn sich beide Seiten gleichermaßen daran beteiligen. „Die Kommunikationswissenschaftliche Forschungstradition, die sich auf Basis der Arbeiten vor allem von Baerns „Determinierungsthese" […] entwickelt hat, schien nicht ausreichend komplex, um wechselseitige Abhängigkeits- und Gegenseitigkeitsbeziehungen zu durchdringen."[22] Bentele schaffte es hier drei Aspekte in einem Modell zu vereinen. Zum Ersten, dass die Vorstellung eines Machtgefüges zwischen Öffentlichkeitsarbeit und Journalismus zu einfach sei und dementsprechend zweitens eine gegenläufige Beeinflussung zwischen PR und Journalismus stattfindet. Und drittens, dass eine weitere Beziehungsebene zwischen Journalismus und PR existiert, die er als Adaption bezeichnet und die Anpassungsfähigkeit der Public Relations an die Organisationsumwelt beschreibt.

Bentele sieht in der Intereffikation einen wechselseitigen Prozess zwischen Induktionen und Adaptionen:

---

[20] Raupp, S. 198f
[21] Bentele, Günter (2005), Intereffikationsmodell. In: Handbuch der Public Relations, S. 207.
[22] Bentele (2005), S. 209.

„Induktionen lassen sich als intendierte, gerichtete Kommunikationsanregungen oder -impulse definieren, die – werden sie wahrgenommen oder aufgenommen – zu Kommunikationseinflüssen werden, die wiederum zu beobachtbaren Wirkungen auf der komplementären Seite führen. Adaptionen hingegen lassen sich als kommunikatives oder organisatorisches Anpassungshandeln definieren, als Handeln, das sich bewusst an verschiedenen sozialen Gegebenheiten (z.B. organisatorischen oder zeitlichen Routinen) der jeweils anderen Seite orientiert, häufig um den Kommunikationserfolg der eigenen Seite zu optimieren. Gegenseitige Adaption ist Voraussetzung für gelingende Interaktion."[23]

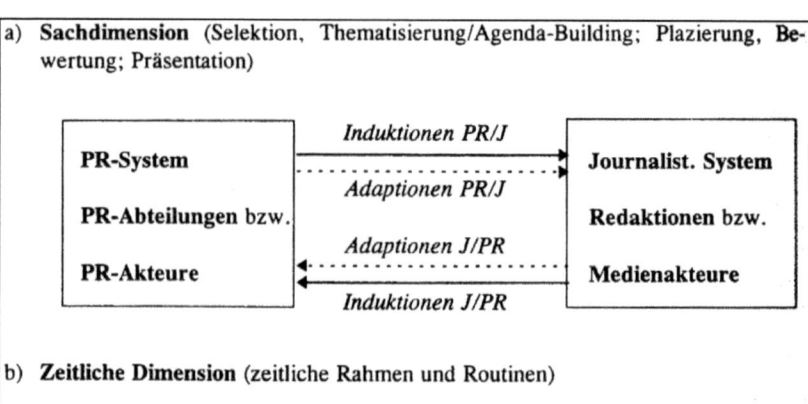

a) **Sachdimension** (Selektion, Thematisierung/Agenda-Building; Plazierung, Bewertung; Präsentation)

PR-System

PR-Abteilungen bzw.

PR-Akteure

Induktionen PR/J

Adaptionen PR/J

Adaptionen J/PR

Induktionen J/PR

Journalist. System

Redaktionen bzw.

Medienakteure

b) **Zeitliche Dimension** (zeitliche Rahmen und Routinen)

c) **Sozial-psychische Dimension** (psychische Voraussetzungen; organisatorische Rahmen und Routinen)

Abb. 1: Das Intereffikationsmodell (Bentele et al 1997: 242)

Das System wird in die sachlich, die zeitliche sowie in die psychisch-soziale Dimension aufgegliedert. In der Sachdimension wird beispielsweise untersucht, welche Themen aufgegriffen und wie diese bewertet werden, aber auch wie Themen allgemein präsentiert werden. Zur zeitlichen Dimension werden Muster und Routinen der gegenseitigen Induktions- und Adaptionsprozesse analysiert. In der psychisch-sozialen Dimension stellt sich die Frage nach Beziehungen zwischen Adaption und Induktion in Form von sozialen Routinen oder Rahmen, aber auch, ob soziale Absichten oder gar persönliche Beziehungen zwischen PR-Akteuren und Journalisten bestehen.

---

[23] Bentele (2005), S. 211

2.4. Besonderheiten im Verhältnis von Fachjournalismus und Fach-PR

Die Beziehung von Journalismus und Public Relations wird in der Literatur oftmals unter Zuhilfenahme von Begrifflichkeiten aus der Biologie beschrieben, um diese metaphorisch zu untermalen. So taucht der Begriff der „Symbiose" beispielsweise bei Stephan Ruß-Mohl auf. Er sagt, dass Journalismus und PR im Regelfall in einer symbiotischen Beziehung stehen, sich also gegenseitig unterstützen und zum beidseitigen Nutzen zusammen arbeiten.[24] Besonders interessant scheint in diesem Zusammenhang die metaphorische Gleichsetzung PRs mit einem Parasiten, wie sie Klaus Kocks verwendet. Ein Parasit, der „allergrößtes Interesse an der Gesundheit seines Futtertieres hat".[25] Auch beschrieb Kocks die Beziehung während einer Vorlesung an der Fachhochschule Hannover mit den Worten: „PR ist die Henne und die Presse ist das stinkende Ei."[26] Dies bedeutet, dass die Public Relations nur so lange existieren, wie es Mediensystem und der Journalismus funktionieren. Doch auch im Umkehrschluss lässt sich eine Schlussfolgerung ziehen: in Anbetracht, dass Budgets für Redaktionen weiter sinken und immer mehr Geld in PR gesteckt wird, dass Medien durch Werbung finanziert werden und dass Journalisten Presseinformationen ohne Aufwand erhalten, kann auch der Journalismus als der Parasit betrachtet werden.[27]

Im Forschungsspektrum der Kommunikationswissenschaft spielen Fachmedien und Fachjournalismus noch immer eine untergeordnete Rolle, wenn ihre Bedeutung auch zunimmt. „Mit der zunehmenden Fragmentierung der Medienangebote in immer kleinere Marktteile steigt jedoch die Bedeutung themenzentrierter Aspekte öffentlicher Kommunikation."[28] Dies verdeutlichen Harriet Schmitz und Peter Szyszka exemplarisch am Verhältnis von PR-Arbeit und Fachmedien. So stellen Sie fest, dass empirische Befunde, die das Verhältnis von PR und Fachmedien dezidiert untersuchen in der Forschung weitestgehend fehlen. „So können also nur theoretische Annahmen zugrunde gelegt, deren Plausibilität diskutiert und Thesen formuliert werden."[29] So weisen Schmitz/Szyszka an erster Stelle die pauschalen Urteile der Determinierungsthese zurück, da insbesondere Fachjournalismus an der Quellenleistung von Presse- beziehungsweise Medienarbeit interessiert und in Teilen darauf angewiesen ist. So etwa beim

---

[24] Roß-Mohl, Stephan (1994): *Symbiose oder Konflikt*, S. 319.
[25] Kocks, Klaus, zitiert nach Ruß-Mohl (1999): *Spoonfeeding, Spinning, Whistleblowing*, S. 170.
[26] www.prsh.de
[27] Vgl. Ruß-Mohl (1999), S. 171.
[28] Schmitz, Harriet/Szyszka, Peter: PR-Arbeit und Fachmedien. In: PR für Fachmedien, S. 59.
[29] Schmitz/Szyszka, S. 82.

Übergang von einer Quellen- zu eine Determinationssituation. Beim Ermitteln des Stellenwertes dieser Situation ließen sich Determinierungstendenzen und Manipulationssituationen auch als solche anzeigen.[30]

Schmitz/Szyszka verweisen hier auf Wolfgang Donsbach, der mit den Parametern normativer und empirischer Einfluss neben der Determinationsthese drei weitere Thesen für Einflussbeziehungen formuliert hat. Für die Untersuchungen relevant sei nur die Repräsentationsthese, die behauptet, Öffentlichkeitsarbeit sei einflussreich, dies ist aber vor allem als Ausdruck der verschiedenen gesellschaftlichen Interessen zu verstehen. Das ist dann der Fall, wenn „Fachjournalismus Fachöffentlichkeitsarbeit als Quelle nutzt, sich Informationswahl und –darstellung aber an den eigenen Maßstäben orientieren (können)."[31]

Schmitz/Szyszka führen hier das bereits zuvor erläuterte Intereffikationsmodell von Bentele als beste Erklärung zum Verhältnis von PR und Fachwissenschaft an. Bentele sieht das Verhältnis als Beziehungsstruktur mit unterschiedlichen Interessen. Szyszka untermauert dies und spricht von einer professionellen Verschränkung beider Seiten. Er stellt fest:

> „Öffentlichkeitsarbeit ist in Teilen ihrer Arbeit an den Multiplikations- und Wertungsleistungen journalistischer Massenmedien interessiert, um auf diesem Weg immer ausdifferenziertere Publika zu erreichen. Journalismus ist in Teilen seiner Arbeit an den Produkten und Leistungen von Öffentlichkeitsarbeit als einer potenziell verfügbaren Quelle interessiert, die Informationen und Orientierungshilfe anbietet und vermittelt."[32]

Hierbei ist insbesondere der Umgang beider Seiten mit den Interessen der jeweils anderen Seite von Bedeutung, wobei es in einer Idealbeziehung für beide zu einen Win-Win-Situation wird. Das ist beispielsweise der Fall, wenn beiderseits ein Interesse am Publikum existiert und die Informationsangebote der PR auch inhaltlich dem Mitteilungsinteresse bestimmter Fachmedien entsprechen.

---

[30] Vgl. Schmitz/Szyszka, S. 82.
[31] Schmitz/Szyszka, S. 83.
[32] Szyszka, Peter (1997): Bedarf oder Bedrohung?. In: Aktuelle Entstehung von Öffentlichkeit, S. 213.

3. Methoden

In der vorliegenden Arbeit wird eine klassische Inhaltsanalyse durchgeführt, die Hinweise für ein Verhältnis von PR und Fachjournalismus aufzeigen und versuchen zu erklären soll. Dies geschieht anhand von je einer Ausgabe dreier Fachmagazine aus dem Bereich der Klassischen Musik, die in etwa die gleichen Rezipienten ansprechen. Für die Analyse wurden die zu Beginn des Verfassens der Hausarbeit aktuellen Ausgaben der Zeitschriften gewählt. Das sind in diesem Fall die „Musikforum" 1/12, „Neue Zeitschrift für Musik" 2/12 sowie „crescendo" Juni – August 2012.

Die Inhaltsanalyse ist nach Werner Früh eine „empirische Methode zur systematischen, intersubjektiv nachvollziehbaren Beschreibung inhaltlicher und formaler Merkmale von Mitteilungen, meist mit dem Ziel einer darauf gestützten interpretativen Inferenz auf mitteilungsexterne Sachverhalte."[33] Die Inhaltsanalyse macht es möglich, große Textmengen und kurzer Zeit hinsichtlich eines bestimmten Punktes zu untersuchen.

Hinsichtlich dieser Arbeit kann man von einer Art Themenfrequenzanalyse sprechen, jedoch geht es nicht darum, wie häufig welche Werbung, wann und wo auftaucht, sondern es soll aufgezeigt werden, wie häufig und in welchem Umfang PR in den journalistischen Beiträgen auftaucht und worum es dabei geht. Folgende Annahmen sind dabei zu beweisen:

1. „PR in journalistischen Beiträgen lässt sich in jeder Fachzeitschrift nachweisen."

2. „Je höher die Auflage einer Fachzeitschrift, desto enger sind PR und Journalismus miteinander verwoben."

Die Beiträge werden dabei auf Hinweise wie verstärkte, zumeist positive Nennung einer Marke oder eines Artikels, Angabe des Autors eines Beitrags, Hintergrund des Verfassers, Zusammenhängen zwischen Produkt und Verlag und andere untersucht.

An dieser Stelle ist anzumerken, dass es sich hierbei keinesfalls um eine repräsentative Studie handelt, sondern lediglich um eine stichprobenartige Untersuchung. Für eine repräsentative Studie müssten mehrere Zeitschriften über einen bedeutend längeren Zeitraum wesentlich detaillierter analysiert werden. Daher wird hier auch der Begriff „Annahme" statt „Hypothese" verwendet.

---

[33] ebd. (2007), S. 27.

4. PR als Quelle in Fachmedien am Beispiel

4.1. MusikForum

„MusikForum, die Zeitschrift des Deutschen Musikrates bei Schott Music, informiert vierteljährlich über die relevanten Themen des Musiklebens in Deutschland. Kompetent und fassettenreich."[34] So beschreibt Schott Music, der herausgebende Verlag, seine Klassikzeitschrift „MusikForum" in den Mediadaten 2012. Die Zeitschrift erscheint in einer Auflage von 4000 Stück, die vorwiegend über das Abonnement vertrieben und nahezu ausschließlich an Mitglieder des Deutschen Musikrates veräußert werden. Die Zielgruppe definiert Schott Music selbst als Mitarbeiter, Entscheidungsträger und Multiplikatoren des Kulturbereichs, Verbandsmitglieder und kulturpolitisch Interessierte; die Zeitschrift wird eigens für den Deutschen Musikrat herausgegeben. Eine Ausgabe umfasst ca. 64 Seiten, die Anzeigenpreise liegen zwischen 1.218,75 € für eine einseitige Vierfarbanzeige (975 € s/w) und 418,75 € für eine viertelseitige Vierfarbanzeige (335 € s/w).[35] Beim ersten Blick ins Heft fällt bereits auf, dass hier nur sehr wenige Anzeigen zu finden sind. Es sind in der Tat nur vier Anzeigen, von denen zwei Eigenwerbeanzeigen für den Schott Verlag beziehungsweise einer dem Schott Verlag angehörigen Jobbörse sind.

Für die Untersuchung nach dem Verhältnis von Journalismus und PR wurden hierbei 40 Artikel berücksichtigt, darunter auch Rezensionen und Nachrichten. Ausgeschlossen wurden hingegen das Editorial, Nachrufe, Terminankündigungen sowie Veranstaltungshinweise. Nur die wenigsten der untersuchten Artikel sind für diese Arbeit von Interesse, da in ihnen keine (offenkundige) PR zu erkennen ist. Im Gegenteil ist positiv hervor zu heben, dass Beiträge wie „Wie der binäre Code die Musik erobern konnte"[36], nicht für einen Komponisten oder seine Werke, ja nicht einmal für Musikplattformen im Internet werben, wie es in anderen Zeitschriften getan wird. Hierbei geht es scheinbar tatsächlich lediglich darum, wie Musik das Internet eroberte, wie sich beide gegenseitig beeinflussen und wie neue Technologie auch neue Musik ermöglicht.

---

[34] Mediadaten Schott Music 2012, S. 24
[35] Mediadaten Schott Music 2012, S. 24f
[36] MusikForum 1/12, S. 10-13.

Relevant für die eigentliche Analyse ist hingegen der Artikel „App-Musik – Musizieren mit Smartphones".[37] Hier stellt Matthias Krebs, Diplom-Musik- und Medienpädagoge und Gründer des iPhone-Orchesters „DigiEnsemble Berlin" die Möglichkeiten des Musizierens mit Smartphones und Tablet-PCs vor. Zu Beginn geht es allgemein um die neue Handygeneration und die immer größer werdende Nutzergemeinde von Applikationen. Nachfolgend geht Krebs konkret auf Musik-Apps ein. Auffallend ist, dass er sich hierbei ausschließlich auf Apple-Produkte (iPhone, iPod Touch und iPad) und demzufolge auf Programme aus dem AppStore bezieht. Er unterscheidet dann weiterhin zwischen sieben Kategorien, um für den weiteren Diskurs eine systematische Grundlage zur Verfügung zu haben. In den Kategorien erklärt er die Funktionsweise der Applikationen ohne jedoch konkrete Beispiele zu benennen. Diese tauchen dann dagegen am Rand mit Bild und genauer Bezeichnung sowie kurzer Erläuterung auf. Abschließend prangert Krebs an, dass „das Musikmachen mit mobilen Endgeräten bislang nicht als homogene künstlerische Bewegung und erst recht nicht als eigene musikalische Gattung"[38] wahrgenommen wird. Ganz am Ende folgt eine Tabelle mit Musik-App-Beispielen für iOS[39], in der in jeder der zuvor erwähnten Kategorie vier bis neun Beispiele genannt werden. Auf den ersten Blick scheint dies wie eine gut gemachte Werbung für Apple-Produkte, die durch reichliches Musikwissen ausgeschmückt und damit gut verschleiert wird. Darauf deutet vor allem hin, dass die Produkte benannt und nur zum Teil knapp beschrieben werden, jedoch keine ausführliche Auseinandersetzung mit ihnen geschieht. Ebenfalls dafür spricht, dass der Verfasser, wie eingangs erwähnt, Gründer des „DigiEnsemble Berlin" ist, eine Orchester, in dem professionelle Musiker mit unterschiedlich musikalischem Hintergrund Smartphones in Musikinstrumente verwandeln.[40] Es ließe sich vermuten, dass hier auch Werbung für das Ensemble gemacht wird. Dagegen spricht jedoch, dass dieser Sachverhalt ausschließlich in der kurzen Autorenbeschreibung genannt wird. Gegen eine Werbung spricht aber auch, dass die Produkte im Artikel in den Hintergrund treten, da im Fließtext kein Produkt benannt wird. Hier steht eher die Auseinandersetzung mit der neuen musikalischen Gattung und ihren Vor- und Nachteilen sowie ihren Problemen im Vordergrund. Es ist infolgedessen schwer festzustellen, ob es sich um einen gut verdeckten Werbeartikel handelt oder um eine ehrliche Auseinandersetzung mit neuer Musik.

---

[37] MusikForum, S. 14-19.
[38] MusikForum, S. 18.
[39] Bei iOS handelt es sich um das Apple-Betriebssystem für mobile Geräte.
[40] http://flavors.me/digiensemble#82a/custom_plain

Klarer ist der Fall hier schon bei der Rezension zur CD „Unerwartet"[41]. Anfänglich scheint der Beitrag über die Neuinterpretation dreier zeitgenössischer Komponisten durch das Orchester „musikFabrik" wie eine herkömmliche, wenn auch ungewöhnlich positive Rezension, wie man sie im Feuilleton- oder Kulturteil jeder beliebigen Tageszeitung findet. Nach kurzer Recherche stellt man jedoch fest, dass das Wergo-Lable, unter dem die CD erschien, eine Untergruppe des Schott Music Verlags ist[42]. Es spricht dementsprechend alles für Eigenwerbung.

Zur Kategorie PR-Artikel lässt sich auch der Artikel „Musik – Mensch – Medizin"[43] zählen. Augenscheinlich könnte dies ein rührender Beitrag darüber sein, wie Musik kranken Menschen hilft. Jedoch verbirgt sich dahinter eine geschickt platzierte Werbung für eine Konzertreihe, die seit 2009 im Hamburger Universitätsklinikum gestiert. Mit keinem Wort wird erwähnt, welchen Einfluss das tägliche Klavierspiel, das in die Krankenzimmer übertragen wird, hat. Stattdessen wird kurz der Werdegang der Reihe aufgezeigt, die CD mit „einigen Höhepunkten von Musik – Mensch – Medizin" angepriesen und zum Schluss auf die nächsten Konzerte hingewiesen.

Hier kann abschließend zusammengefasst werden, dass der Anteil an PR in dieser Ausgabe von „MusikForum" sehr gering ist. Von den untersuchten 40 Artikeln konnte in gerade einmal in zweien ein klarer PR-Hintergrund nachgewiesen werden, bei einem ist die Einordnung nicht ganz klar. Doch selbst wenn davor ausgegangen wird, dass eben jener Artikel mit zur Werbung verortet werden kann, liegt der prozentuale Anteil an Werbung im redaktionellen Teil bei exakt siebeneinhalb Prozent, ein Wert, der verschwindend gering erscheint.

4.2. Neue Zeitschrift für Musik

Die „Neue Zeitschrift für Musik" erscheint wie auch „MusikForum" im Schott Music Verlag und ist nach Angaben derer die auflagenstärkste, deutschsprachige Musikzeitschrift, die sich der aktuellen Musikproduktion widmet. Sie ist zudem die älteste bestehende Musikzeitschrift, 1834 gegründet von Robert Schumann erscheint sie seit dem ununterbrochen. Die Zeitschrift erscheint sechsmal jährlich in einer Auflage von 5.000

---

[41] MusikForum 1/2012, S. 63.
[42] www.wergo.de
[43] MusikForum 1/2012, S. 49.

Exemplaren in einem Umfang von jeweils ca. 96 Seiten. Zielgruppe sind laut Angabe der Mediadaten 2012 Konzertbesucher, CD- und Rundfunkhörer, Freunde Neuer Musik, Musikwissenschaftler sowie Studenten. Die Anzeigenpreise belaufen sich auf 975 € für eine einseitige Schwarzweißanzeige bis hin zu 95 € für eine 1/18 Seite schwarzweiß.[44] Im Gegensatz zu „Musikforum" erscheint die Zeitschrift – abgesehen von den Umschlagseiten – in schwarzweiß. Sie wirkt dadurch hochwertiger und anspruchsvoller, obwohl sie sich an ein disperseres Publikum richtet. Auch hier ist erneut nur wenig Anzeigenwerbung zu entdecken. Lediglich fünf Eigen- und fünf Fremdanzeigen lassen sich ausmachen.

Für die Analyse wurden hierbei 66 Beiträge berücksichtigt, darunter auch Rezensionen und Nachrichten. Ausgeschlossen wurden in diesem Fall hingegen das Editorial, Neuerscheinungen, Terminankündigungen, Programminformationen sowie Veranstaltungshinweise. In dieser Zeitschrift fällt schon eine deutlichere Verbindung zwischen PR und Journalismus auf, wenn diese auch noch nicht sonderlich stark ausgeprägt ist. Es gibt 4 Artikel, in denen am Ende sogenannte „Infoboxen" Werbung für ein Produkt machen. In der Regel ist das für die Neuerscheinung einer CD des Künstlers, der im vorangehenden Artikel thematisiert wurde. Da diese Extrainformationen nur bei einigen wenigen ausgewählten Artikeln auftauchen, stellt sich die Vermutung dar, dass diese Beiträge nur auf Grund der Werbung Eingang in das Magazin gefunden haben.

Herausstechend, wenn auch nicht ungewöhnlich für ein Musikmagazin, ist die hohe Anzahl von Rezensionen. Insgesamt gibt es 27 in den Bereichen DVD, Tonträger und Bücher. Von diesen sind drei in grauhinterlegten Kästchen hervorgehobene Empfehlungen. Auch das auf den ersten Blick nichts Ungewöhnliches. Doch auch hier steckt, ähnlich wie zuvor bei Magazin „MusikForum", der Teufel im Detail. Zwei dieser Rezensionen empfehlen Produkte der Hausmarke Wergo, lediglich die dritte gehört einer nicht dem Schott Verlag angehörigen Produktionsfirma. Auch zwei der anderen Rezensionen sind für Produkte des Wergo Verlags sowie eine für ein im Schott Music Verlag erschienenes Buch.

Scheint es auf den ersten Blick nur kleine Informationsboxen zu geben, die Werbung für etwas machen, hat auch ein klassischer PR-Artikel Eingang ins Magazin gefunden. Den zweiseitigen Beitrag mit dem Titel „Musik baut Europa – Wolfgang Rihm"[45], könnte man auch für eine Terminankündigung halten und in diesem Zusammenhang

---

[44] Mediadaten Schott Music 2012, S. 14f
[45] Neue Zeitschrift für Musik 2/2012, S.58.

leichtfertig überblättern. Auch bei genauerer Betrachtung scheint es nichts weiter als eine Veranstaltungsankündigung, ist doch der große graue Kasten, in dem das Programm für die 21. Europäischen Kulturtag zu finden ist, nicht zu übersehen. Doch etwas unterscheidet diesen Beitrag von anderen Veranstaltungsankündigungen. Es ist die Aufmachung, der scheinbare redaktionelle Teil, der dem Programm voran steht, der fehlende Hinweis auf einen Verfasser. In knapp 400 Wörtern wird hier das Programm kurz zusammengefasst, ein Rückblick auf vergangene Jahre gegen und alles in den höchsten Tönen gelobt. Wie schon erwähnt fehlt hier jeglicher Hinweis auf einen Verfasser, was den ganzen Beitrag noch ungewöhnlicher erscheinen lässt. Ist doch sonst jeder andere Artikel mit dem Namen seines Verfassers oder zumindest seinem Kürzel unterschrieben. All dies sind Hinweise dafür, dass es sich hier um einen unkritisch und unreflektiert übernommenen Werbeartikel handelt.

Trotzdem ist ähnlich wie bei „MusikForum" positiv hervorzuheben, dass im Vergleich zu anderen Magazinen erstaunlich wenig Werbung gibt. Außerdem ist in keinem Artikel des Titelthemas Werbung zu finden, was ebenfalls positiv zu erwähnen ist. Von den 66 analysierten Artikeln lassen sich 12 klar dem Metier der Werbeartikel zuweisen. Das entspricht einem Werbeanteil im redaktionellen Inhalt der Zeitschrift von etwas mehr als 18 Prozent. Bereits hier kann vermutet werden, dass die Annahme, dass bei steigender Auflagenzahl, also einem größeren zu erreichenden Publikum, die Verbindung zwischen Journalismus und PR enger wird, bestätigt wird. Obwohl die Auflage nur um 1000 Stück höher ist als beim im selben Verlag erscheinenden „MusikForum" steigt hier der prozentuale Anteil an Werbung um mehr als zehn Prozent. Obwohl mit der Annahme an die dieser Stelle noch vorsichtig umgegangen werden muss. Der Unterschied könnte hier nur so deutlich hervortreten, weil „MusikForum" – wie bereits zuvor erwähnt – eigens für den Deutschen Musikrat herausgegeben wird. Es könnte also sein, dass beabsichtigt ist, dass dort erheblich weniger Werbung auftaucht. Für die Bestätigung oder Verneinung eben jener Annahme steht aber noch die Untersuchung einer Zeitschrift aus.

Beide Zeitschriften des Schott Music Verlags richten sich an relativ kleine Zielgruppen. „MusikForum" wird eigens für den Deutschen Musikrat herausgegeben und über dies kaum wahrgenommen. Die „Neue Zeitschrift für Musik" richtet sich zwar an ein breiter gefächertes Publikum, findet aber auf Grund der Themensetzung auf den Schwerpunkt Neue Musik schwerer Anklang. In dem Verlag erscheinen aber auch größere, auflagen-

stärkere Zeitschriften. So sei hier beispielsweise die Zeitschrift „Das Orchester" ange-
führt, welches über 40 bis 60 Anzeigenseiten und mehr als 80 Seiten redaktionellen Inhalt verfügt. Dieses richtet sich an ein ebenso breites Publikum wie nachfolgend das
Magazin „crescendo". Da das Geld aber bei vielen Labels, Verlagen und kulturellen
Institutionen knapp ist, entscheiden sich viele gegen eine klassische Anzeige in Zeitschriften mit kleiner Auflage sondern verschicken eher PR-Texte, um kostengünstig für
sich zu werben. Diese können dann aber nicht alle abgedruckt werden, man wolle ja
schließlich kein PR-Heft herausbringen. Wie der Verlag zu in journalistischen Beiträgen
versteckter PR steht, dazu wollte man sich hier jedoch auch nicht äußern.[46]

4.3. crescendo

Das Klassikmagazin „crescendo" erscheint im Port Media Verlag siebenmal jährlich in
einer Druckauflage von knapp über 70.000 Exemplaren.[47] „crescendo ist der Mei-
nungsmacher unter den Musik-Medien. Spannend für Laien und Interessierte, ein Muss
für Profis."[48] So definiert der Port Media Verlag seine Zielgruppe und damit sich selbst.
Im Gegensatz zu den sehr klaren Aussagen des Schott Music Verlags diesbezüglich
verschwimmt hier die Abgrenzung, die Zielgruppe ist nicht klar definiert. Mehr als 80%
der Leser des Magazins sind über 40 Jahre alt. Die Anzeigenpreise belaufen sich auf
7.900 € für eine einseitige Vierfarbanzeige bis hin zu 2.200 € für eine viertelseitige
Vierfarbanzeige.[49]
Im Gegensatz zu den beiden vom Schott Music Verlag herausgegebenen Zeitschriften
gleicht hier der erste Blick ins Magazin einem Feuerwerk aus Reizüberflutung. Es ist
bunt, es ist hochglänzend und es ist voller Werbung und unterscheidet sich damit bereits
im Design deutlich von den beiden vorhergehenden Zeitschriften. Ganze 30 Werbeanzeigen birgt das Magazin auf seinen 90 Seiten, davon gerade einmal zwei für „crescendo" selbst. Die restlichen umfassen ein breites Spektrum von Werbung für Konzerthäu-
ser über Klassiksender bis hin zu einer von Audi veranstalteten Sommerkonzertreihe.
Doch damit nicht genug, so strotzen auch die journalistischen Beiträge vor heimlich

---

[46] Diese Informationen entstammen einem Telefonat mit Herrn Dieter Schwarz, Leiter der Anzeigenabtei-
lung bei Schott Music, geführt am 24. August 2012.
[47] www.ivw.de
[48] www.crescendo.de
[49] Mediadaten Crescendo 2012.

oder auch nicht ganz so heimlich untergeschobener PR. Untersucht wurden in diesem Fall 59 Beiträge, darunter viele aus dem Bereich Nachricht und Rezensionen. Ausgeschlossen wurden der Prolog, Terminankündigungen, Nachrufe sowie Leserbriefe. Ich kann an dieser Stelle bereits vorwegnehmen, dass nur ein Bruchteil der Artikel ohne PR auskommt. Bei dem anderen Großteil reicht die Werbung von Infoboxen, die Produkte anprangern bis hin zu Werbeartikeln, die sich als Nachricht tarnen und einer ganzen Sparte genannt „Advertorial".

Aber von vorn, beginnend mit dem kleinsten Übel, den Informationsboxen. Von den 59 untersuchten Beiträgen werden zwölf durch zusätzliche Informationen, die sich nicht im Fließtext befinden, abgerundet. Diese weisen, wie auch schon bei „Neue Zeitschrift für Musik" auf neue CDs oder DVDs, aber auch auf anstehende Konzerte oder sonstige Termine hin. Diese ersetzen zum Teil komplette Rezensionen, da das Produkt nicht nur benannt, sondern auch vorgestellt und – in der Regel – als gut befunden wird. So schreibt beispielsweise Anna Novák über die erste CD des jungen Pianisten Jan Lisiecki: „Jan Lisiecki spielt Mozart [...] voller unbedarfter Natürlichkeit und durchdachter Ernsthaftigkeit, wenig übertrieben phrasiert und dennoch selbstbewusst klar strukturiert. Ein gelungener Auftakt!"[50]

Auch in dieser Zeitschrift erscheinen wieder etliche Rezensionen. In der Sparte „Hören & Sehen", unterschrieben mit den Worten „Welche CDs der Meister der Rezension für den Sommer empfiehlt"[51], finden sich vier Seiten mit scheinbar willkürlich ausgewählten Scheiben, die zum Sommer passen. Doch trügt hier erneut der Schein, sind diese gar nicht so willkürlich ausgewählt. Nahezu die Hälfte der 22 rezensierten CDs repräsentiert jeweils einen Titel auf der Abo-CD, die dem Magazin beiliegt. Es ist nun zu vermuten, dass die CD als Werbefläche genutzt wird, um dem Hörer einen Vorgeschmack zu bieten und ihn durch die kurzen Artikel und die Hörprobe zum Kauf der Alben zu animieren. Nachfolgend werden noch einige Bücher vorgestellt, doch auch hier zweifelt man schnell an der journalistischen Qualität. Sätze wie „wer mehr davon lesen möchte, „muss sich dieses Buch kaufen"[52] oder „eine Schatzkiste voller Juwelen und damit jedem zu empfehlen"[53], lassen den Leser leicht stolpern und das geschriebene unglaubwürdig wirken.

---

[50] crescendo, Juni 2012, S. 20.
[51] crescendo, Juni 2012, S. 32
[52] crescendo Juni 2012, S. 42.
[53] crescendo Juni 2012, S. 41.

Ein hervorragendes Beispiel für eine als Artikel getarnte Werbung ist der von Henry C. Brinker geschriebene Beitrag „Der bewegte Klang"[54]. Laut Teilüberschrift geht es um neue Soundanlagen, mit denen Autos zu Konzertsälen werden. Jedoch stellt man nach dem Lesen fest, dass es augenscheinlich um etwas anderes geht: um Autos, um Marken, um Geld. Vorgestellt werden Fahrzeuge der Hersteller Audi und BMW und die zugehörigen Soundsysteme – vorrangig von BOSE, die für einen Aufpreis zwischen 70 und 10.000 € zu haben sind. Erwartet der Leser trotzdem noch eine Analyse verschiedener Anlagen, wird er herbe enttäuscht, werden ihm doch nur Zahlen und Fakten um die Ohren geschmissen, aufgelockert durch phrasenhafte Zitate des Leiters der Akustikabteilung von Audi oder die Ankündigung der Sounddesignausstellung in Berlin. Wie bereits erwähnt, gab es in dieser Ausgabe eine Anzeige von Audi. Diese wirbt zwar für ein Konzert, jedoch ist nicht auszuschließen, dass hier eine Kooperation zwischen Port Media Verlag und Audi existiert.

Das Magazin bietet über dies eine Mischform der besonderen Art: das Advertorial[55]. Dabei handelt es sich um die redaktionelle Aufmachung einer Werbeanzeige, die klar gekennzeichnet werden muss, um sie vom restlichen Inhalt unterscheiden zu können. Über den Sinn und Unsinn eines Advertorials mag man sich streiten, doch ist die Kennzeichnung von Beiträgen, die für redaktionellen Inhalt gehalten werden könnten, jedoch Werbung sind, nicht nur für den Leser richtig und wichtig, sondern vor allem durch den deutschen Presserat so vorgeschrieben[56]. Hier werden auf vier Seiten ausschließlich Produkte und Programme von Bayer Kultur beworben. Diese Seiten heben sich nur durch zwei Dinge vom redaktionellen Teil ab: durch die feine rote Linie und das Wort „Advertorial", die den Bereich abgrenzen und dem Zusatz „Bayer Kultur", der am Ende jedes Beitrags steht.

Abschließend lässt sich hier festhalten, dass der Anteil an Werbung hier bedeutend höher ist, als in den beiden zuvor untersuchten Zeitschriften. Bei 59 untersuchten Artikeln sind 22 als PR-Artikel zu klassifizieren, wodurch der Werbeanteil im redaktionellen Part hauchdünn über 37 Prozent liegt. Wenn man sich an dieser Stelle vor Augen führt, dass neben das Drittel Werbung im redaktionellen Teil 30 Werbeanzeigen sowie ein vierseitiges Advertorial kommen, gleicht das Magazin einem Werbeprospekt. Vor allem unter der Berücksichtigung, dass fast ausschließlich große, mehrseitige Artikel und

---

[54] crescendo Juni 2012, S. 44.
[55] crescendo Juni 2012, S. 76-79.
[56] Ziffer 7 des Pressekodex

nicht die Nachrichten von der PR betroffen sind, bleibt an redaktionellem Inhalt wenig übrig. An dieser Stelle ist aber auf jeden Fall die Annahme bestätigt, dass mit steigender Rezipientenzahl auch mehr Public Relations Eingang in die journalistische Arbeit finden. Es scheint hier tatsächlich das metaphorische Bild des Parasiten zu greifen. Eine große Zeitschrift soll möglichst viel Gewinn erwirtschaften. Dafür werden die Redaktionen klein gehalten, die wenigen übrigen Journalisten beziehen ihre Informationen aus PR-Artikeln, die zum Teil gänzlich übernommen werden. Und da sich das Magazin auch so zu weiten Teilen über Werbeanzeigen finanziert ist ein möglichst großer Gewinn bei möglichst kleinem Aufwand einfach zu erreichen. Und PR-Agenturen haben kostengünstig oder gar kostenlos PR in die Welt tragen können, die ihnen wiederrum Einnahmen durch höhere Verkaufszahlen generiert. PR ist der Wirt für den Journalismus, Journalismus der Wirt für PR. Ein Monster mit zwei Köpfen, das sich irgendwann selbst verschlingt?

5. Fazit

In dieser kurzen Untersuchung konnte gezeigt werden, dass durchaus Verbindungen zwischen Fachjournalismus und PR existieren, diese aber in unterschiedlichem Maße ausgeprägt sind. Es wurde nachgewiesen, dass bei größerer Auflage, also bei höherer zu erwartender Leserzahl der Anteil an PR auch in den journalistischen Beiträgen steigt. Hier stellt sich die Fragen, wie weit sich diese Annahme spinnen lässt: ist bei einem Musikmagazin wie dem „Musikexpress" mit einer monatlichen Auflage von fast 90.000 Exemplaren der Anteil an Werbung noch höher? Gibt es einen Höhepunkt, in dem das Verhältnis PR zu Journalismus und PR-Anteil in den journalistischen Beitägen zu Auflagenhöhe gipfelt, seine maximale Ausprägung erreicht hat und von dem an es wieder abwärts geht?

Während der Untersuchung kam jedoch immer wieder die Frage auf, was genau nun Werbung ist. Viele der Beiträge verschwanden in eine Grauzone, da diese nicht mit absoluter Sicherheit zu PR oder Journalismus zugeordnet werden konnten.

Das Intereffikationsmodell scheint die geeignetste Theorie um das Verhältnis zwischen Public Relations und Fachjournalismus zu erklären, ist es jedoch bei einer so kleinen Untersuchung eher schwierig anzuwenden, da die Hintergründe der Beziehung schwer auszumachen sind. Leicht war es in diesem Fall nur bei den Rezensionen, die eine im Verlag erschienene CD bewerteten. Hier war die Win-Win-Situation für beide Seiten deutlich zu erkennen: eine gute Rezension bringt möglicherweise mehr CD-Verkäufe, was gut für den Künstler ist. Das ist aber auch gut für das Verlag, denn werden mehr CDs verkauft, spült es auch ihm mehr Geld in die Kasse.

Abschließend ist nochmals zu erwähnen, dass dies keine repräsentative Studie ist. Eine solche weitergehende Untersuchung könnte beispielsweise im Rahmen der Masterarbeit unternommen werden.

Quellenverzeichnis

Baerns, Barbara (1985[2]): *Öffentlichkeitsarbeit oder Journalismus? Zum Einfluß im Mediensystem*, Köln: Verlag Wissenschaft und Praxis.

Bentele, Günter (2005), *Intereffikationsmodell*. In: *Handbuch der Public Relations*. (S. 209). Wiesbaden: VS Verlag für Sozialwissenschaften.

Bentele, Günter (2006): *Fach-PR in der Informations- und Kommunikationsgesellschaft*, in: *PR für Fachmedien*. (S. 11 – 20) Konstanz: UvK.

Dernbach, Beatrice (2010): *Die Vielfalt des Fachjournalismus. Eine systematische Einführung*. Wiesbaden: VS Verlag für Sozialwissenschaften.

Reus, Gunter (2008): *Musikjournalismus – Ergebnisse aus der wissenschaftlichen Forschung*. In: Weinacht, Stefan/Scherer, Helmut (Hrsg.): *Wissenschaftliche Perspektiven auf Musik und Medien*. (S. 85-102). Wiesbaden: VS Verlag für Sozialwissenschaften.

Ruß-Mohl, S. (1994). *Symbiose oder Konflikt: Öffentlichkeitsarbeit und Journalismus*. In: O. Jarren (Hrsg.), *Medien und Journalismus 1: Eine Einführung*. (S. 314-326). Opladen: Westdeutscher Verlag.

Ruß-Mohl, S. (1999). *Spoonfeeding, Spinning, Whistleblowing: Beispiel USA: Wie sich die Machtbalance zwischen PR und Journalismus verschiebt*. In L. Rolke & V. Wolff (Hrsg.), *Wie die Medien die Wirklichkeit steuern und selber gesteuert werden* (S. 163-176). Opladen/Wiesbaden: Westdeutscher Verlag.

Schmitz, Harriet/Szyszka, Peter (2006): *PR-Arbeit und Fachmedien – Theoretische Ansätze und Modelle*, in: *PR für Fachmedien*. (S. 59 – 86). Konstanz: UvK.

Szyszka, Peter (1997): *Bedarf oder Bedrohung? Zur Frage der Beziehungen zwischen Journalismus und Öffentlichkeitsarbeit*, In: Aktuelle *Entstehung von Öffentlichkeit*. (S. 209 – 224). Konstanz: UvK.

Zeitschriften:

Port Media GmbH: crescendo. Juni – August 2012. München

Schott Music GmbH und Co. KG: MusikForum 1/2012. Mainz

Schott Music GmbH und Co. KG: Neue Zeitschrift für Musik 2/2012. Mainz.

Internetquellen:

Mediadaten von crescendo aufgerufen unter: http://www.crescendo.de/media/ (letzter Aufruf: 22.08.2012)

Seite des DigiEnsemble aufgerufen unter: http://flavors.me/digiensemble#82a/custom_plain (letzter Aufruf: 22.08.2012)

Den Pressekodex aufgerufen unter: http://www.presserat.info/inhalt/der-pressekodex/pressekodex/richtlinien-zu-ziffer-7.html (letzter Aufruf 22.08.2012)

Mediadaten von Schott Music aufgerufen unter: http://projekte.musikrat.de/index.php?id=5651# (letzter Aufruf 22.08.2012)

Das WergoLable aufgerufen unter: http://www.wergo.de/shop/de_DE/content/flag/ (letzter Aufruf: 22.08.2012)